LA MAISON MAME

1796-1893

LES NOCES DE DIAMANT

DE M. ET DE Mme ALFRED MAME

NOTICE

SUR LE TRAVAIL ET LES INSTITUTIONS PATRONALES

LA
MAISON MAME

.96 18..

LES NOCES DE DIAMANT

DE M. ET DE M. ALFRED MAME

NOTICE

SUR LE TRAVAIL ET LES INSTITUTIONS PATRON...

TOURS

IMPRIMERIE ALFRED MAME ET ...

1893

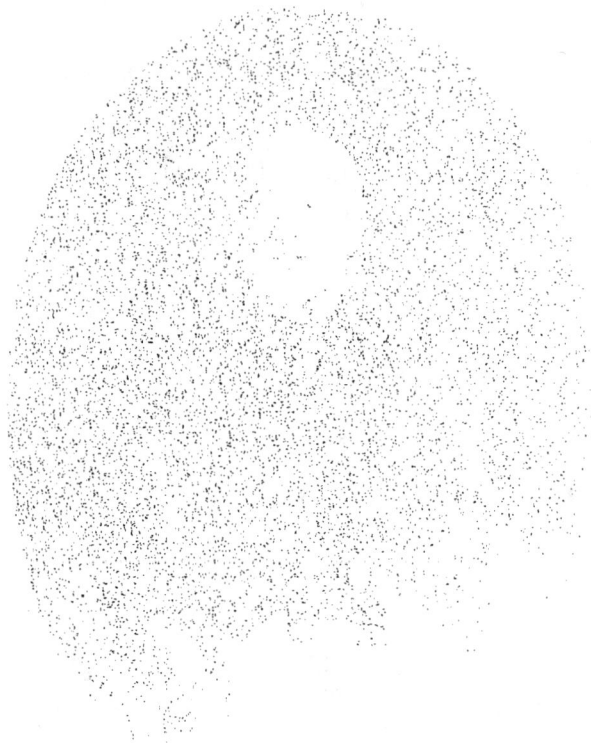

LA
MAISON MAME

1796-1893

LES NOCES DE DIAMANT

DE M. ET DE Mᵐᵉ ALFRED MAME

NOTICE

SUR LE TRAVAIL ET LES INSTITUTIONS PATRONALES

TOURS

IMPRIMERIE ALFRED MAME ET FILS

1893

LES

NOCES DE DIAMANT

DE M. ET DE Mᴹᴱ ALFRED MAME

Le 8 janvier 1893, la maison Mame était en fête et célébrait avec un touchant empressement les doubles noces de diamant du doyen de ses chefs, M. Alfred Mame : anniversaire de son union avec Mᵐᵉ Mame, anniversaire aussi de sa prise de possession de sa maison industrielle.

Le matin, avait lieu, dans la chapelle de l'asile fondé par M. Alfred Mame, la cérémonie religieuse, tout à fait intime, à la suite de laquelle Mᵍʳ Meignan, archevêque de Tours (aujourd'hui cardinal), adressait aux époux une touchante allocution.

A une heure de l'après-midi, tout le personnel, employés, ouvriers et ouvrières, était groupé dans le plus vaste des ateliers de la reliure, décoré avec un goût parfait, et où s'élevait une estrade en velours rouge, frangé d'or. C'est là que M. Alfred Mame prend place, entouré de ses enfants et petits-enfants. A l'arrivée, la fanfare de la maison fait entendre un des meilleurs morceaux de son répertoire.

Mˡˡᵉ Ravaud, doyenne des ouvrières de la maison, et chef des ateliers de pliure, offre à Mᵐᵉ Alfred Mame une fort belle corbeille de fleurs, et lit l'adresse suivante :

« Madame,

« Les soussignées, toutes ouvrières de la maison Mame, prennent la liberté, à l'occasion de vos noces de diamant, de venir vous offrir ce bouquet.

« Modeste témoignage de leur dévouement et de leur reconnaissance, il a pour seul mérite d'être l'emblème des vertus dont vous avez orné le foyer de notre vénéré patron, M. Alfred Mame.

« Durant soixante années, vous lui avez fait goûter le repos et le calme qui lui étaient si nécessaires après les rudes labeurs professionnels. — Votre cœur battait à l'unisson du sien quand se préparaient ces admirables fondations, si utiles à nos familles.

« Puisse la divine Providence continuer à protéger les années de votre vieillesse.

« C'est le vœu le plus ardent que forment au fond de leur cœur

« Vos respectueuses et dévouées servantes. »

(Suivent les signatures de toutes les ouvrières.)

Ce compliment est souligné par les applaudissements de tous. Puis la chorale entonne le beau chœur de Maréchal, *le Travail*, avec accompagnement d'orchestre.

M. Chaudourne, compositeur-typographe, s'avance ensuite au pied de l'estrade, et d'une voix chaude et sonore lit cette pièce de vers :

A M. ALFRED MAME

8 janvier 1893.

Le travailleur, au soir de sa tâche accomplie,
Tourne souvent ses yeux et sa face pâlie
Vers le décor lointain du passé disparu ;
Et s'il contemple alors l'œuvre de sa pensée
Telle qu'il l'a conçue et longtemps caressée,
Il peut être fier du chemin parcouru.

Il est des jours choisis et des anniversaires
Dont le riant retour fait paraître plus claires
Les visions d'antan, les aubes d'autrefois.
Ainsi du haut des monts se découvrent les plaines,
Pendant que l'on entend, sur l'aile des haleines,
Monter des vallons frais des chansons et des voix.,

On vous vit, jeune encor, l'âme forte et mûrie,
Prendre en mains cet outil puissant : l'imprimerie ;
Et bientôt vos regards, sondant les horizons
Et la fragilité des vaines renommées,
Entrevoyaient au loin, avant d'être semées,
Les épis déjà mûrs des futures moissons.

Alors cette maison grandit, ruche ouvrière,
Comme une gigantesque éclosion de pierre,
Débordant de sa masse un immense quartier.
Au seuil de l'avenir s'ouvrant plein de promesses
La gloire souriait, et le bruit de vos presses
Retentit longuement dans l'univers entier.

Et dans un temps de foi troublée, où le scandale
Sous la pompe du style en tout roman s'étale,
Le livre du foyer, le livre honnête et pur,
Qu'on laisse impunément aux mains des jeunes filles,
Et qu'ensemble on relit, le soir, dans les familles,
S'en vint fleurir modeste en sa fraîcheur d'azur.

Plus rien n'interrompit cette grandeur sereine,
Dont *Polyeucte,* après la *Bible* et la *Touraine,*
Est le couronnement suprême, l'anneau d'or ;
Pendant qu'à vos côtés, dans l'ombre et le silence,
Rayonnait une douce et bien chère influence,
Que les bandeaux d'aïeule ont rajeunie encor.

Pourtant s'étaient levés des jours noirs, dont la date,
Rappelant des combats fratricides, éclate
Au milieu de ce siècle impie et tourmenté ;
Mais la France est toujours le berceau des vaillances,
Et parmi les fronts bas, la peur, les défaillances,
Votre âme eut un sublime élan de charité.

La charité !... ce nom qu'enfants, vieillards et veuves
Ont appris à bénir en toutes leurs épreuves,
Qui fait joindre les mains et fléchir les genoux ;
Ce nom qui rend le ciel plus visible à la terre,
Qui console et soutient celui qui désespère :
Pour tous les malheureux, la charité, c'est vous !

Oh ! votre sympathie au peuple qui travaille,
Aux humbles, aux souffrants, à tous ceux dont la taille
A besoin d'un appui contre les jours mauvais !
Le cœur des ouvriers, une fois qu'il se donne,
Car l'âme des petits est généreuse et bonne,
Se rappelle toujours, ne se reprend jamais.

Lorsque les souvenirs des besognes passées
S'éveillent palpitants au fond de vos pensées,
Comme dans les forêts un joyeux vol d'oiseaux,
La paix de vos vieux jours semble une apothéose,
Et la félicité qui tombe du ciel rose
A la calme douceur des soirs clairs sur les eaux ;

Car vous avez atteint et poursuivi sans trêve,
Par le culte du bon, du vrai, du beau, ce rêve
Qui haussait entre tous votre front génial,
Et dont l'enchantement, la hantise inquiète
Affole le penseur, peintre, artiste ou poète :
Gagner les hauts sommets, étreindre l'idéal.

La part que vous avez choisie est la meilleure ;
Elle retourne à Dieu la joie intérieure
Que laissent après eux les travaux de jadis.
Avec un tel passé toute œuvre est immortelle :
— D'ailleurs noblesse oblige, — et la vôtre a pour elle
Votre âme, qui revit en celle de vos fils.

Cette pièce de vers, qui traduit si bien les sentiments dont tous les cœurs sont remplis, excite un grand enthousiasme, et l'on acclame l'auteur, M. Chollet, un des correcteurs de l'imprimerie.

M. Arthur Viot, directeur de l'imprimerie, après avoir fait enlever le voile qui recouvre un superbe bronze, hommage de tout le personnel de la maison Mame à son chef, s'avance alors, et lit l'allocution suivante :

« Cher et vénéré patron,

« Il y a dix ans, dans cette même salle, votre famille industrielle en fête se groupait autour de vous à l'occasion de votre cinquantaine. Dans tous les compliments qui vous furent adressés, on demandait à la divine Providence de vous accorder encore de longs jours sur la terre.

« Ce vœu a été exaucé : il y a aujourd'hui soixante ans que fut bénite votre union avec la fidèle compagne qui a été l'ornement et la consolation de votre vie. Il y a aujourd'hui soixante ans que vous êtes le chef du célèbre établissement qui vous doit sa splendeur.

« Peu d'hommes ont pu fournir une pareille carrière ; aussi, ce matin, dans le recueillement du sanctuaire, entouré de la couronne de vos enfants et petits-enfants, vous avez voulu célébrer vos noces de diamant, appelées ainsi sans doute parce qu'elles sont le témoignage de l'union la plus complète et la plus vertueuse, de même que le diamant est la plus brillante et la plus durable de toutes les pierres précieuses.

« Et maintenant j'ai l'honneur d'être auprès de vous, en cette mémorable circonstance, l'interprète de votre maison entière, de tous les employés, ouvriers et apprentis sans exception.

« Nous avons voulu que l'expression de notre reconnaissance et de notre dévouement fût gravée sur le bronze que vous voyez devant vous et qui est dû au ciseau d'un artiste éminent. Ce génie ailé, qui semble prendre son vol en levant

2

un bras vers le ciel, rappellera à vos descendants que leur aïeul, s'élevant au-dessus des mesquines passions humaines, s'est toujours tenu dans les régions sereines de la charité chrétienne, du travail et du dévouement véritablement sincère aux ouvriers.

« Cher et vénéré patron, puisque Dieu vous protège si visiblement, puisqu'il a exaucé nos vœux formés il y a dix ans, nous lui demandons, du fond de nos cœurs, de vous voir encore longtemps parmi nous, entouré de vos enfants, petits-enfants et arrière-petits-enfants. Ils n'auront qu'à suivre vos traces pour marcher dans les voies de l'honneur et du devoir. »

On applaudit à outrance, et on admire le magnifique bronze dû au ciseau de M. Picot et qui a figuré au dernier Salon sous le titre : *Fiat lux*. Il représente la Pensée prenant son vol et portant la lumière. Sur le socle sont gravées toutes les œuvres charitables et industrielles de M. Alfred Mame.

Cette belle œuvre d'art a été acquise par le personnel moyennant l'abandon par chacun d'une journée de travail.

M. Alfred Mame se lève alors, et d'une voix encore vibrante, mais dans laquelle perce une douce émotion, il remercie de « tout son cœur » tout son personnel de l'hommage qui vient de lui être fait ; puis il ajoute :

« Je vous avais inscrits sur mon testament pour une somme de *deux cent mille francs*, qui devait vous être répartie après mon décès ; mais Mme Mame et moi nous avons pensé qu'il était préférable de vous les distribuer de notre vivant, afin d'être témoins de la joie que ce cadeau peut vous faire. Ce

sera le souvenir de l'amitié que je vous ai toujours témoi-
gnée et que, j'en suis sûr, vous m'avez toujours rendue. »

Quand les acclamations enthousiastes qui accueillent ces
paroles ont fait place au silence, M. Paul Mame se lève à
son tour et commente ainsi, en le complétant, le discours de
son père :

« Mes chers amis,

« Mon père vous a dit qu'il avait cédé à l'impatience de
son cœur en donnant dès aujourd'hui aux membres de sa
grande famille industrielle le témoignage d'affection qu'il avait
depuis longtemps le projet de leur laisser après lui.

« Je n'ai pas besoin de vous dire que je l'y ai vivement
encouragé, comprenant que ce serait pour vous un bonheur
sans mélange de recevoir cette libéralité des mains mêmes de
votre vénéré patron bien vivant et fêtant gaiement ses noces
de diamant, et pour lui une grande satisfaction d'être témoin
de votre joie.

« Mais ce n'est pas tout de sortir de sa caisse une somme
de 200,000 francs ; il faut en faire une répartition équitable,
proportionnée au mérite et à la durée des services. Nous
n'avons pas trouvé de meilleur moyen pour cela que d'attribuer
à chacun le montant de quatre journées de travail multiplié
par les années de service. C'est suivant cette règle que sont
établis les bons sur la présentation desquels MM. Viot et
Guerlin vont remettre à chacun la part qui lui revient.

« Constamment préoccupés de faire pour le mieux en vue
de vos intérêts, et de plus en plus convaincus que le but
principal doit être l'épargne pour la vieillesse, nous avons
cru devoir, à l'occasion de cette solennité, prendre une déci-
sion qui est destinée à vous assurer dans l'avenir une retraite
importante.

« C'est dans une modification des statuts de notre caisse de participation que nous avons trouvé la solution de ce problème difficile qui préoccupe tous les bons patrons et qui vous touche tout particulièrement, la stabilité de notre personnel, dans lequel les collaborateurs de 30 à 40 ans sont nombreux, nous encourageant à préparer la récompense de longs services.

« Voici en quelques mots l'économie du système :

« A partir du 1er mars prochain tous les participants seront remboursés de la somme portée à leur crédit dans la maison.

« Les prélèvements faits chaque année seront continués sur les bases précédemment établies; mais au lieu de recevoir un tiers à la fin de chaque exercice, les deux autres tiers étant réservés pour être remboursés après 20 ans de présence, dorénavant chaque participant recevra la moitié de sa part, l'autre moitié étant placée à son nom à la Caisse nationale des retraites.

« Vos patrons y ajouteront une somme équivalente.

« Tout à l'heure on vous distribuera le règlement de cette nouvelle institution, dans lequel vous trouverez des détails qu'il serait trop long d'énumérer ici.

« Il suffit de vous dire pour le moment que cette combinaison peut donner à celui qui gagne un salaire moyen et commence à verser à 21 ans une retraite variant de 300 à 800 fr., suivant qu'il entre en jouissance à 55 ou à 60 ans, en assurant après lui à ses héritiers un capital de 4,000 à 4,500 fr.

« J'espère que vous ne verrez dans la résolution prise que notre constant désir de vous être utiles.

« Vous savez, en effet, que si nous tenons fermement à ce que vous remplissiez votre devoir, nous n'avons jamais manqué à celui que tout chef de maison consciencieux a vis-à-vis de ses collaborateurs.

« J'ai donc la confiance que les liens qui nous unissent, patrons, employés et ouvriers, seront plus que jamais étroits, et que nous continuerons de donner au monde industriel, trop souvent, hélas! en proie aux luttes et aux divisions, le salutaire exemple de la paix sans trouble et de l'union parfaite. »

Enfin M. Barrier, doyen de la librairie, prend la parole au nom de tous pour remercier M. Alfred Mame.

« Cher et bien-aimé patron,

« C'est le cœur débordant de reconnaissance que je vous présente, au nom de tous, l'expression de notre profonde gratitude.

« Vous avez doté votre maison de toutes les institutions de prévoyance qui peuvent assurer le bien-être et l'avenir de l'ouvrier. Nous croyions que vous ne pouviez plus rien trouver à faire pour nous; mais nous ne connaissions pas encore complètement les ressources sans bornes de votre cœur de père. Vous nous annoncez aujourd'hui un cadeau vraiment royal, dont nous sommes véritablement confondus, au point de ne plus trouver d'expression pour vous remercier.

« Mais ce n'est pas tout encore. Nos chers patrons, marchant sur les traces de leur chef, mettent le comble à leurs bienfaits. Désormais, tous les employés et ouvriers de la célèbre maison Mame auront leur avenir assuré par une retraite, qui adoucira les jours de leur vieillesse.

« Mes chers amis, acclamez tous nos chefs vénérés.

« Vive M. Alfred Mame, le père des ouvriers!

« Vivent tous nos patrons! »

Le matin de cette belle journée, les entrepreneurs et les maîtres ouvriers du bâtiment avaient été reçus chez M. Mame et lui avaient lu l'adresse suivante :

« *A Monsieur Alfred Mame, imprimeur, à Tours.*

« Très honoré et très vénéré Monsieur,

« Le 8 janvier 1883, vos maîtres ouvriers du bâtiment et vos fournisseurs venaient vous apporter leurs sympathies à l'occasion de votre cinquantaine.

« Depuis cette date, dix années se sont écoulées, et aujourd'hui ils viennent à nouveau vous présenter leurs félicitations.

« Ils sont heureux de s'associer de tout leur cœur à la joie de votre famille, qui fête en ce jour la double soixantaine de votre mariage et de la prise de possession de votre établissement.

« Votre maison industrielle, renommée à juste titre, votre honnêteté commerciale continuée par votre digne fils M. Paul Mame, secondé par MM. Edmond et Armand Mame, vos petits-fils, vous ont acquis l'estime non seulement de vos concitoyens, mais du monde entier.

« Votre dévouement aux institutions de bienfaisance, votre bonté, votre générosité, vous font admirer et aimer de tous ceux qui ont la bonne fortune de vous approcher.

« Votre longue et belle existence, si bien remplie par le travail, l'honneur et la vertu, vous a fait une auréole de gloire civique. C'est donc avec une légitime fierté que nous saluons en vous le premier citoyen de notre cité.

« A ces hommages mérités, que nous sommes heureux de vous rendre, nous associons votre digne compagne, Mme Mame, et c'est avec la reconnaissance la plus vive et le respect le plus profond pour votre personne que nous nous disons toujours,

      « Monsieur,

      « Vos très honorés et bien dévoués serviteurs. »

> ANDRÉ, charpentier ;
> A. MOREL, plâtrier ;
> BERTHELIN, BRANCHU et MONEAUD, peintres ;
> MONMIGNON, marchand de papiers peints ;
> BAILLY, entrepreneur de maçonnerie ;
> A. VERBE, fumiste ;
> AUTRIVE, mécanicien ;
> E. CARRÉ, camionneur ;
> BOUTIER, ferblantier ;
> Louis CARRÉ, layetier-emballeur ;
> Léon et Édouard BRY, serruriers ;
> NOVELLO, cimentier ;
> NOYAU-BOULMER, plombier ;
> ROLLIN, couvreur ;
> J. WYDER, électricien ;
> MARTIN, jardinier ;
> GALLET, chaudronnier ;
> DELAHAYE, tapissier ;
> CHATILLON, menuisier ;
> PETIT, marbrier ;
> DUBOIS, mécanicien ;
> Vve GUBETTA, fumiste.

Quelques jours après cette belle fête, des délégués de tous les différents services de la maison demandaient à se présenter à M. Alfred Mame, et l'un d'eux, M. Dubois, lui lisait au nom de tous l'adresse suivante :

A MONSIEUR ALFRED MAME

Remerciements du personnel de la maison Alfred Mame et fils.

8 janvier 1893.

« Monsieur Alfred Mame,

« C'est sous le coup de l'émotion la plus profonde et de la reconnaissance la plus sincère que nous venons tous, employés, ouvriers et ouvrières, vous adresser nos remerciements pour le cadeau princier que vous venez de nous faire à l'occasion de votre double soixantaine :

DEUX CENT MILLE FRANCS,

une fortune distribuée entre nous tous de la façon la plus juste et la plus équitable.

« Cette générosité de votre part était un fait inconnu jusqu'à ce jour dans les annales industrielles.

« Combien votre grand cœur a dû tressaillir de joie pendant que vous nous prépariez cette surprise, et combien les nôtres battaient à l'unisson du vôtre, quand vous avez annoncé cette répartition inattendue !

« Nous espérons, par nos applaudissements et nos figures rayonnantes, vous avoir témoigné toute notre reconnaissance ; mais nous sommes heureux tous de signer cette adresse, afin de vous renouveler nos remerciements et de vous assurer de notre profonde gratitude ainsi qu'à votre digne épouse, qui a toujours collaboré à tous vos bienfaits.

« Messieurs Mame,

« Pour ajouter à la générosité grandiose de M. Alfred Mame, vous êtes venus spontanément, et malgré les grandes charges que cela va vous occasionner, apporter des modifications généreuses aux retraites que monsieur votre père avait établies dans votre maison.

« Les rentes instituées pour vos ouvriers, qui ne pouvaient produire que 200 à 300 francs par an, vous les avez, par des versements bien supérieurs, que vous ferez à partir du 1er janvier 1894, élevées à la somme de 500 et 800 francs.

« Par cette généreuse innovation vous avez porté la générosité à son comble. Aussi tout votre personnel est heureux de confondre les remerciements que nous adressons à M. Alfred Mame avec ceux que nous vous prions d'accepter. »

Comme suite à la fête du 8 janvier, les représentants et employés de la maison ont voulu se réunir dans un banquet à l'hôtel du Faisan, auquel ils ont convié les directeurs de la librairie et de l'imprimerie, MM. Guerlin et Viot, sous la présidence de M. Armand Mame.

A l'heure des toasts, M. Armand Mame a prononcé les paroles suivantes :

« Messieurs,

« Je suis plus reconnaissant que je ne saurais vous le dire du témoignage d'affectueuse sympathie que vous me donnez aujourd'hui; mais vous me permettrez de le partager avec mon frère, qui devrait présider ce banquet à ma place, si les circonstances ne le tenaient pas éloigné de nous. Pas plus que vous ne l'oubliez il ne vous oublie, et voici une dépêche qu'il vient de m'adresser et que je vais vous lire :

« Alger, Mustapha-Palais.

« Mes vifs regrets de manquer à cette bonne réunion; dis « combien je pense à vous et suis reconnaissant des témoi- « gnages d'affection qu'on m'a envoyés. J'espère être au milieu « de vous l'année prochaine, sans ces pénibles absences.

« EDMOND MAME. »

« Ce que cette pensée qui nous vient de si loin toute chaude et toute vibrante ne peut rendre dans les trop étroites limites du télégramme, il est de mon devoir de vous le dire, Messieurs, et je voudrais que ma parole aille plus loin que cette salle et jusque dans ces chers ateliers, où mon frère et moi, suivant les vieilles traditions de famille, nous avons porté la blouse de l'apprenti avant de devenir patrons. Vous aimez à nous considérer comme l'avenir de cette maison, et j'ai l'orgueil de vous l'affirmer, entourés de cœurs comme les vôtres, les inquiétudes de l'heure présente s'effacent, il n'y a pas d'horizon trop sombre et nous sommes pleins d'espoir.

« Car ce qu'il faut que vous sachiez, c'est que nous sommes passionnément attachés à la grande œuvre de famille, avec toutes ses institutions qui sont sa gloire et qui seront pour nous plus tard comme un héritage d'honneur.

« C'est que les distances n'existent pas, et que sur les côtes d'Afrique comme au milieu de vous, nous n'avons qu'une pensée, qu'une ambition : travailler à votre bonheur à tous et conserver votre amitié.

« Messieurs, plusieurs d'entre vous, les voyageurs, vont bientôt nous quitter pour sillonner le pays en tous sens, et dans ces temps de grèves qui éclatent de toutes parts et de maisons qui sautent, on vous dira que l'accord du capital et du travail est désormais impossible, et que ce sont là deux époux mal assortis dont il faut prononcer le divorce définitif.

« A ces profonds penseurs, à ces économistes de bureau, vous pourrez répondre, vous souvenant de notre belle fête de dimanche, que dans notre maison de Tours, presque séculaire, jamais cette fameuse question sociale n'a même été effleurée, et que nous continuons à donner au monde du travail l'exemple d'une admirable union, en nous confiant les uns aux autres et nous aimant.

« Messieurs,

« Nous allons boire à la santé de mon frère, et lui envoyer par delà la Méditerranée les vœux et les espérances de nos cœurs. »

RÉCOMPENSES

OBTENUES PAR LA MAISON MAME DANS LES GRANDS CONCOURS DE L'INDUSTRIE

EXPOSITION FRANÇAISE DE 1849

Médaille d'or.

Croix de chevalier de la Légion d'honneur à M. ALFRED MAME.

EXPOSITION UNIVERSELLE DE LONDRES (1851)

PRIZE MEDAL

EXPOSITION UNIVERSELLE DE PARIS (1855)

Grande médaille d'honneur (unique).

ONZE RÉCOMPENSES ACCORDÉES AUX COOPÉRATEURS

Croix de chevalier de la Légion d'honneur à M. FOURNIER, directeur de l'Imprimerie.

EXPOSITION UNIVERSELLE DE LONDRES (1862)

Deux médailles (Imprimerie et Reliure).

Croix d'officier de la Légion d'honneur à M. ALFRED MAME.

EXPOSITION UNIVERSELLE DE PARIS (1867)

GRAND PRIX UNIQUE

Classes 6 et 7 (Imprimerie et Reliure).

ONZE RÉCOMPENSES ACCORDÉES AUX COOPÉRATEURS

ÉCONOMIE SOCIALE. — Prix de 10,000 francs.

Nouvel ordre de récompenses pour les établissements où règnent à un degré éminent
l'harmonie sociale et le bien-être des ouvriers.

EXPOSITION UNIVERSELLE DE ROME (1870)

Diplôme d'honneur.

Croix de chevalier de la Légion d'honneur à M. PAUL MAME.

EXPOSITION DE VIENNE (1873)

M. ALFRED MAME, mis hors concours comme membre du Jury, a reçu la croix
de commandeur de la Légion d'honneur.

SIX RÉCOMPENSES ACCORDÉES AUX COOPÉRATEURS

EXPOSITION UNIVERSELLE DE PARIS (1878)

M. ALFRED MAME étant membre de la Commission supérieure de l'Exposition,
la maison est mise hors concours.

SEIZE RÉCOMPENSES ACCORDÉES AUX COOPÉRATEURS

EXPOSITION UNIVERSELLE DE PARIS (1889)

M. PAUL MAME étant membre du Jury, la maison est mise hors concours.

DIX-SEPT RÉCOMPENSES ACCORDÉES AUX COOPÉRATEURS

ÉCONOMIE SOCIALE. — Grand Prix.

LA MAISON MAME

1796-1893

LE TRAVAIL — LES INSTITUTIONS PATRONALES

La maison Alfred Mame et fils fut fondée à la fin du siècle dernier, en 1796, par M. Amand Mame. — En 1833, M. Alfred Mame prit la direction des affaires, associé jusqu'en 1845 avec M. Ernest Mame, son cousin et beau-frère.

En 1859, M. Paul Mame, son fils unique, s'associe à son père, et enfin, en 1887 et 1888, les deux fils et petits-fils de MM. Mame, MM. Edmond et Armand, entrent dans les affaires et y sont associés à leur tour.

Trois générations travaillent donc simultanément à la même œuvre de famille.

La maison Mame est parvenue rapidement à une grande extension. Cette vaste « fabrique de livres » produit annuellement près de 6 millions de volumes, et occupe au centre de la ville de Tours une superficie de 2 hectares.

Le nom de « fabrique de livres » s'applique parfaitement à la maison Mame, car le livre y est imprimé d'abord par 29 presses mécaniques et manuelles qui occupent, avec la composition et les services auxiliaires, 250 hommes et enfants.

Le livre est ensuite relié dans trois ateliers, irréprochables au point de vue de l'aménagement et du confortable, où travaillent 520 hommes, femmes et enfants.

Enfin, entièrement terminé, le livre séjourne et attend la vente dans les vastes magasins de la librairie, qui peuvent contenir plus de 7 millions de volumes. — 50 employés composent le personnel nécessaire à toutes les fonctions de la vente et de l'expédition.

Ces 820 personnes reçoivent annuellement plus de 850,000 francs de salaires, répartis suivant le travail de chacun, soit aux pièces, soit à la journée. On estime que le salaire moyen d'un homme chez MM. Mame peut être évalué à 5 francs par jour, et celui d'une femme à 2 fr., sans que la journée dépasse jamais onze heures.

Par suite d'une excellente organisation du travail, les veillées et les chômages sont également inconnus dans la maison.

Conditions hygiéniques des ateliers.

Dans le but d'assurer aux ouvriers les meilleures conditions d'hygiène et de salubrité, les ateliers ont été construits dans les plus vastes proportions, et ils sont entretenus avec la plus stricte propreté.

Cependant en hiver, lorsque l'aération est rendue plus difficile par la crainte du froid, la chaleur du gaz contribuait pour beaucoup à raréfier l'air : dans certains ateliers la température s'élevait considérablement. Pour remédier à cet inconvénient, MM. Mame n'ont pas hésité à sacrifier toute

leur ancienne installation de gaz et à la remplacer par l'élec-
tricité, et aujourd'hui deux nouvelles machines d'une force
de 100 chevaux, en même temps qu'elles actionnent tout
l'outillage, mettent en mouvement deux puissantes dynamos
qui communiquent la lumière électrique à 1,000 lampes à
incandescence.

Cité ouvrière. [1]

La situation de la maison au centre d'une ville ne permet
pas de donner aux ouvriers la gratuité des logements : une
cité a été construite, où 62 familles sont logées dans des habitations complètement séparées entre elles, ayant chacune leur
petit jardin, et disposées en quadrilatère autour d'un vaste
square planté d'arbres, qui sert de promenade commune à
tous les locataires. — Ces habitations ne sont pas toutes de
même importance : le prix du loyer varie donc de 156 francs
à 237 francs. Il est hors de doute que nulle part dans la ville
de Tours une famille ouvrière ne pourrait trouver de logements de cette importance à moins de 400 ou 500 francs, et
encore dans de bien moins bonnes conditions d'aération et
de salubrité. Aussi les maisons sont-elles très recherchées, et
à chaque vacance les demandes sont nombreuses. Les im-
meubles restent toujours la propriété de M. Alfred Mame.

Caisse de participation.

La situation pécuniaire des ouvriers s'est sensiblement
améliorée depuis 1874 par l'institution d'une caisse de participation et de prévoyance, dont voici en résumé l'organisation
et le fonctionnement.

---

[1] Voir page 31 le plan de la Cité.

Cette caisse est formée au moyen du versement que MM. Mame s'engagent à faire, le 1er janvier de chaque année, d'une somme calculée ainsi qu'il suit :

1° Pour les employés de la librairie, à 3 francs par mille sur le montant des ventes effectuées par la maison pendant l'année précédente ;

2° Pour les ouvriers et employés de la reliure, à 25 francs par mille sur le chiffre de la production ;

3° Pour les ouvriers et employés de l'imprimerie, à 13 francs 50 par mille sur le chiffre de la production.

Jusqu'ici le tiers de la somme, qui représente le versement, était distribué en espèces entre les participants au prorata de leurs appointements ou salaires, les deux autres tiers étant réservés pour constituer au profit des intéressés un fonds de prévoyance productif d'intérêt à 5 %, et remboursé à chacun après 20 ans de séjour dans la maison.

Mais, à l'occasion des noces de diamant du doyen de la maison, MM. Mame ont, dans le but d'exciter davantage à l'épargne, modifié l'application de cette institution.

Désormais, à la fin de chaque exercice, une moitié de la participation sera remise aux intéressés, et l'autre moitié sera placée à la Caisse nationale des retraites, capital réservé au profit des héritiers. Les patrons y ajouteront l'équivalent de cette moitié.

La liquidation des retraites aura lieu à 55 ans, avec faculté de prorogation jusqu'à 60 ans pour ceux qui le désireront [1]. A partir de ce moment le montant de la participation sera touché intégralement.

La somme versée chaque année par MM. Mame pour cette institution est en moyenne de 45,000 francs.

---

[1] Voir page 28 et 29 les tableaux établissant la moyenne des retraites.

Fondations diverses.

Il ne suffisait pas à MM. Mame d'assurer à leurs ouvriers des logements particuliers, salubres et à bon marché, des salaires raisonnables encore augmentés par la participation à leurs affaires, et des retraites qui garantissent, avec le repos de leurs vieux jours, un petit avoir à leurs enfants; ils se sont aussi préoccupés d'aider le reste de la famille à subvenir à tous ses besoins.

C'est ainsi que plusieurs écoles sont soutenues par eux dans la ville de Tours, écoles où un grand nombre d'enfants de leurs ouvriers trouvent l'instruction gratuite.

Des crèches et des asiles ont été fondés, dans lesquels les femmes peuvent mettre leurs enfants pendant leurs heures de travail à l'atelier.

A la fondation d'une boulangerie coopérative, ils ont aidé leurs ouvriers à souscrire, en donnant à chaque souscripteur la moitié de la valeur de son action, et lui faisant avance de l'autre moitié.

Rien n'a donc été négligé pour rendre facile la vie pratique de l'ouvrier et de sa famille. Ce qui suit montrera comment on leur vient en aide dans les crises qu'amène parmi eux la maladie.

Dotation.

L'institution connue sous le nom de Dotation Mame a pour but d'assurer les soins médicaux et les médicaments gratuits aux femmes et aux enfants des ouvriers, ainsi qu'aux ouvrières de la maison. Des secours sont aussi donnés à l'occasion des périodes d'appel des réservistes et territoriaux, ainsi que pour les frais d'inhumation en cas de décès.

La Dotation rend à toutes ces familles d'ouvriers les plus grands services ; on en jugera par le chiffre total des secours de toute nature qu'elle comporte, et qui s'élève, chaque année, à environ 10,000 francs.

Sociétés de secours mutuels.

MM. Mame ont contribué par leurs dons à la fondation de deux sociétés de secours mutuels : l'une établie dans les ateliers de l'imprimerie, l'autre à la reliure.

Résultats.

Mais par quels résultats sont compensés ces sacrifices? En premier lieu, il convient de placer la remarquable stabilité du personnel.

En effet, dans la maison Mame, plusieurs ouvriers ou employés ont 40 ans de service, et le quart d'entre eux a plus de 20 ans de présence. Dernièrement est mort un ouvrier comptant 58 années de service, sur la tombe duquel l'un des chefs de la maison a tenu à rendre un suprême hommage.

Toute contestation entre patrons et ouvriers sur la question des salaires y est absolument inconnue. Jamais essai de grève n'a même pu y être tenté.

Il est juste de dire que les patrons ont, de leur côté, fait toujours leurs efforts pour éviter tout chômage, même momentané, faisant plutôt fabriquer plus qu'il ne fallait par avance, pour que tout le monde fût occupé.

L'intempérance n'est pas supportée dans la maison Mame, mais punie du renvoi, et la plus attentive surveillance est apportée à la tenue morale des ateliers.

Le repos du dimanche est rigoureusement observé, et la fête du lundi y est inconnue.

En résumé, les rapports des patrons et des ouvriers sont excellents et empreints d'une véritable affection, qui a trouvé plus d'une occasion touchante de se manifester, notamment à propos des noces de diamant de M. Alfred Mame.

RETRAITES POUR LES EMPLOYÉS

On suppose un employé gagnant 1,200 francs à 21 ans, 1,800 à 26 ans, 2,400 ou 3,000 à 31 ans.

AGE	MONTANT des APPOINTEMENTS	PARTICIPATION distribuant environ 12 %	RETENUE de moitié sur la Participation.	DON de MM. Mame. SOMME ÉGALE à la moitié de la participation.	RENTE OBTENUE à 55 ans.	RENTE OBTENUE à 60 ans.	CAPITAL RÉSERVÉ AUX HÉRITIERS à partir de 55 ans.	CAPITAL RÉSERVÉ AUX HÉRITIERS à partir de 60 ans.
21 ans.	1,200 »	144 »	72 »	72 »				
26 ans.	1,800 »	216 »	108 »	108 »	1,002 »	1,600 »	8,712 »	10,152 »
31 ans.	2,400 »	288 »	144 »	144 »				
—	3,000 »	360 »	180 »	180 »	1,158 50	1,857 »	10,440 »	12,240 »

RETRAITES POUR LES OUVRIERS

On suppose un ouvrier gagnant 4 francs de 21 à 26 ans, et 5 francs à partir de 26 ans.

AGE au PREMIER VERSEMENT	SALAIRE de LA JOURNÉE	MONTANT de la Participation 8 % (Reliure 1892).	RETENUE de moitié sur la participation.	DON de MM. Mame égal à la moitié de la Participation.	RENTE OBTENUE		CAPITAL RÉSERVÉ AUX HÉRITIERS	
					à 55 ans.	à 60 ans.	à partir de 55 ans.	à partir de 60 ans.
21 ans.	4 francs jusqu'à 26 ans. . . .	96 »	48 »	48 »	488 60	776 60	3,960 »	4,560 »
	5 francs à partir de 26 ans. . . .	120 »	60 »	60 »				
26 ans.	5 »	120 »	60 »	60 »	373 45	599 60	3,480 »	4,080 »
30 ans.	5 »	120 »	60 »	60 »	281 50	458 15	3,000 »	3,600 »

23767. — TOURS, IMPRIMERIE MAME

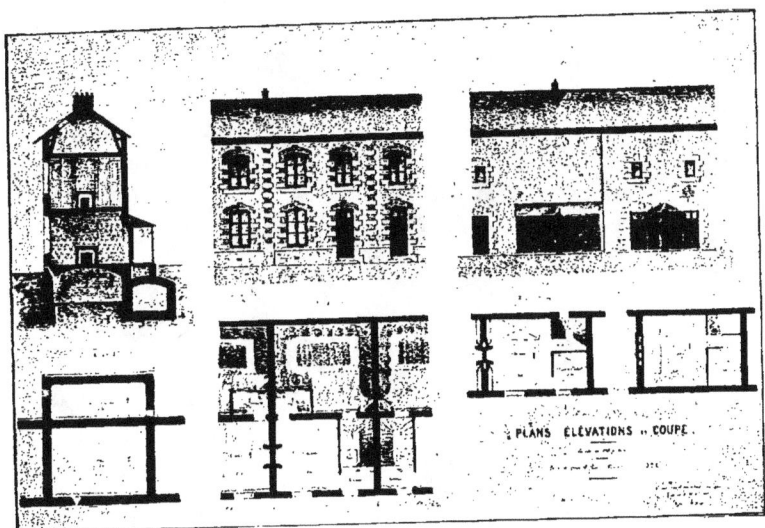

Plans, élévations et coupe d'une maison de la Cité.

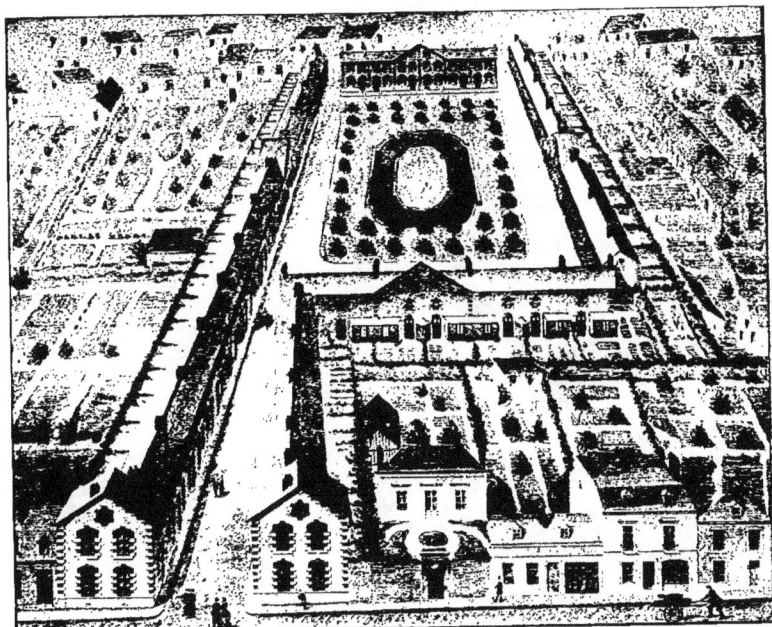

Vue générale de la Cité.

www.ingramcontent.com/pod-product-compliance
Lightning Source LLC
Chambersburg PA
CBHW060756280326
41934CB00010B/2506